Die deutsche Genossenschaft.

Die deutsche Genossenschaft.

Von

Rudolph Sohm.

Sonderabdruck
aus der Festgabe der Leipziger Juristenfakultät für B. Windscheid
zum 22. Dezember 1888.

Leipzig,
Verlag von Duncker & Humblot.
1889.

Sollte es möglich sein, das Wesen der deutschen Genossen=
schaft zu erfassen?

Der Geist der Genossenschaft geht um. Beseler hat ihn
zuerst erblickt, Gierke mächtig mit ihm gerungen. Viele erklären
ihn für ein Gespenst. Das Ganze sei bloße Sinnestäuschung, welche
beim Gebrauch des rechten (römisch geschliffenen) Augenglases von
selbst verschwinde. Sollte die ganze bedeutende wissenschaftliche
Arbeit, welche auf die Frage gewandt ist, wirklich um nichts ge=
wesen sein?

Es giebt eine Genossenschaftsfrage. So viel kann als zweifel=
los betrachtet werden. Das deutsche Recht hat vermögensgemein=
schaftliche und körperschaftliche Bildungen, welche nicht ohne wei=
teres in die Kategorieen unserer romanistischen Lehre aufgehen. Um
das Wesen dieser Bildungen handelt es sich. Sie spielen noch in
unserem heutigen Recht eine Rolle. Proteusartig hat der Begriff
der Genossenschaft in dem Kampf, welchen die germanistische Litte=
ratur mit ihm geführt hat, seine äußere Erscheinung gewechselt.
Sollte es möglich sein, ihn zu zwingen, daß er in seiner wahren
Gestalt vor uns erscheine?

Die folgende Darstellung beschränkt sich auf die Genossenschaft
des Privatrechts. Hier liegt der Sitz der Streitfrage. Auf diesem
Gebiet gilt es, zunächst zur Klarheit zu gelangen.

Die ältere Lehre von Beseler und seinen nächsten Nachfolgern,
welche die „Genossenschaft" für ein Mittelding zwischen Korporation
und Kommunion erklärte, „indem hier unter den mannigfaltigsten

Kombinationen das Recht der Gesamtheit mit dem der einzelnen Mitglieder durchwachsen ist, und namentlich in Beziehung auf das Vermögen eine Verbindung der universitas mit der communio vorliegt"[1]), wird in dieser Gestalt von niemand mehr vertreten. Gierke erklärt dieselbe für das „Gährungsstadium" der Genossenschaftstheorie[2]).

Heute beherrschen zwei Schriftsteller die Situation: Gierke einerseits, Heusler andererseits.

Nach Gierke ist die Genossenschaft die Körperschaft (Korporation) des deutschen Rechts. Der Kern des deutschen Körperschaftsrechts ist für Gierke der Begriff der Körperschaft als „realer Gesamtperson". Daraus wird eine Reihe von Sätzen über Entstehung und Beendigung, über Rechtsfähigkeit, über Willens- und Handlungsfähigkeit der Körperschaften, namentlich aber der Satz gefolgert, daß in der deutschen Körperschaft die „Verbindung von Einheitsrecht und Vielheitsrecht" möglich ist. Es ergiebt sich „der Begriff eines körperschaftlichen Gesamteigentums und sonstiger das Einheitsrecht des Verbandes durch Sonderrechte der Glieder einschränkender Vermögensgemeinschaften"[3]). Der deutsche Körperschaftsbegriff hat Raum für „eine organische Verbindung von Einheitsrecht und Vielheitsrecht". Die deutsche Körperschaft „büßt hiermit nichts von ihrem körperschaftlichen Wesen ein; sie wird nicht zu einem Mittleren zwischen Gemeinheit und Gesellschaft". Aber weil sie „innerhalb des Körperschaftsrechts dem Vielheitsrecht Raum schafft", vermag sie in ihrer thatsächlichen Gestaltung den Rechtsformen des Gesellschafts- und Gemeinschaftsrechts sich anzunähern. Die deutsche und moderne Körperschaft ist von der römischen Korporation durch das „genossenschaftliche Prinzip" unterschieden, und das „genossenschaftliche Prinzip" besteht

---

[1]) Beseler, Volksrecht und Juristenrecht (1843) S. 164.
[2]) Gierke, Die Genossenschaftstheorie und die deutsche Rechtsprechung (1887) S. IX. 2.
[3]) Gierke a. a. O. S. 5. 8. 9.

in der Möglichkeit der „verfassungsmäßigen Verknüpfung von vielheitlichem Sonderrecht der Glieder mit dem einheitlichen Gesamtrecht einer Verbandsperson" [4]).

Also, auf die Körperschaften des Privatrechts (Vermögensrechts) angewandt: Nach römischem Recht besteht eine scharfe Scheidung zwischen dem Vermögen der Korporation und dem Vermögen ihrer Mitglieder. Das Vermögen der Korporation ist nicht auch Vermögen ihrer Glieder, auch nicht zu einem Teil. Das Vermögen der Korporation ist lediglich und ausschließlich **Alleineigentum** (dieser Ausdruck möge hier für die gesamte Vermögenszuständigkeit gestattet sein) **der Gesamtheit**, nicht in irgend welchem Sinne auch Miteigentum der einzelnen Glieder. Anders (nach Gierke) bei der deutschen und modernen Körperschaft. Hier ist infolge des genossenschaftlichen Prinzips eine „vermögensgenossenschaftliche Struktur der Körperschaft" möglich und häufig (Beispiele die Markgenossenschaft, die Gewerkschaft, die Aktiengesellschaft). Infolge dieser vermögensgenossenschaftlichen Struktur liegt ein „**korporatives Gesamteigentum**" vor, welches darin besteht, daß sowohl der Gesamtheit wie den einzelnen Gliedern „dingliche Rechte" am Körperschaftsvermögen zustehen, welche „irgendwie als Eigentumsanteile oder Eigentumssplitter konstruiert werden müssen". Es liegt „weder ein mit dinglichen Sonderrechten unverträgliches korporatives Volleigentum, noch ein das selbständige dingliche Recht der juristischen Person ausschließendes Miteigentum" vor [5]). Folglich: an dem Vermögen der Genossenschaft besteht **weder Alleineigentum der Gesamtheit, noch auch Miteigentum der einzelnen Glieder**, sondern „**genossenschaftliches Gesamteigentum**". Dies genossenschaftliche Gesamteigentum aber ist ein Begriff, für welchen „das Individualrecht ein passendes Begriffsschema nicht bietet". Es handelt sich vielmehr um eine „durch das Sozialrecht ermöglichte Form der Eigentumsordnung". Das

---

[4]) Gierke a. a. O. S. 306—309.
[5]) Gierke a. a. O. S. 318. 319.

genossenschaftliche Gesamteigentum ist keine rein sachenrechtliche Bildung, sondern „gehört zugleich dem Sachenrecht und dem Körperschaftsrecht an". Das Recht als Ganzes (die Summe der Rechte, welche einerseits der Gesamtheit, andererseits den einzelnen Gliedern zustehen) ist allerdings Eigentum im Sinn des Individualrechts (Privatrechts). Aber die einzelnen Eigentumsbefugnisse sind „nach genossenschaftlichem Prinzip zwischen Einheit und Vielheit verteilt". Es liegt vor ein Eigentum mit „sozialrechtlicher Verteilung der Eigentumsbefugnisse". Das Eigentum „am Ganzen" ist „voll und ausschließlich der juristischen Person zuständig", aber „auch die zu Sonderrecht verteilten Splitter dieses Herrschaftsrechts sind als anteilmäßige Rechte dinglicher Art", jedoch nicht als „Miteigentumsanteile" zu denken. Es handelt sich, sowohl für das Eigentum der Gesamtheit wie für die „Anteile" der einzelnen Glieder, um „sachenrechtliche Begriffe von sozialrechtlicher Färbung". Es liegt vor „eine verfassungsmäßige Verteilung der an einem Vermögensinbegriff begründeten Privatrechtsherrschaft zwischen der einheitlichen und der vielheitlichen Rechtssubjektivität der genossenschaftlich verbundenen Gesamtheit" [6]).

Es ist klar, daß in diesen Ausführungen Gierkes ein erheblicher Fortschritt gegenüber dem „Durchwachsensein" Beselers gegeben ist. Gierke unternimmt es, Grund und Art der vorliegenden Schwierigkeit zu bezeichnen. Er sagt: Die Kategorieen des Privatrechts reichen nicht aus. Wir bewegen uns auf dem Gebiet des Genossenschaftsrechts gewissermaßen in einer anderen Ebene als auf dem Gebiet des Privatrechts. Hier (in der Ebene des Genossenschaftsrechts) giebt es gar kein Eigentum im Sinne des Privatrechts. Weder das Recht der Gesamtheit (für sich allein), noch das Recht des Einzelnen (für sich allein) kann für Eigentum (oder Miteigentum) im Sinne des Privatrechts erklärt werden. Dergleichen ist überhaupt in dieser Sphäre des Sozialrechts gar

---

[6]) Gierke a. a. O. S. 320—330.

nicht denkbar. Es handelt sich allerdings um „sachenrechtliche" Befugnisse; aber um sachenrechtliche Befugnisse nicht von privatrechtlicher, sondern von „sozialrechtlicher Färbung". Diese sachenrechtlichen Befugnisse sind „verfassungsmäßig" zwischen der Einheit und der Vielheit verteilt und sind durch dieselbe Verfassung „organisch" mit einander „verbunden".

Sehen wir von der „organischen Verbindung" (diesem Nachklang der Beselerschen Formel) ab, so haben wir hier zweifellos eine bedeutsame, der wissenschaftlichen Betrachtung neue Gesichtspunkte zuführende Gedankenreihe vor uns. Es fragt sich allerdings, ob wir und wie weit wir innerhalb des Körperschaftsrechts mit den überlieferten Denkformen des Privatrechts auszukommen imstande sind. Und zweifellos stellt z. B. das Mitgliedschaftsrecht des Aktionärs als solches kein Forderungsrecht im Sinne des Privatrechts, allerdings nach meiner Meinung auch kein „Sachenrecht" im Sinne Gierkes dar.

Trotzdem vermag die Ausführung Gierkes nicht zu befriedigen. Und zwar deshalb, weil sie zu lauter unbekannten Größen führt. Die „Eigentumssplitter" Gierkes, die „sachenrechtlichen Befugnisse von sozialrechtlicher Färbung", das Eigentum „am Ganzen", welches doch „kein Volleigentum" ist (obgleich der juristischen Person „ausschließlich" zuständig), die „anteilmäßigen" dinglichen Rechte, welche doch kein Miteigentum bedeuten, — das sind sämtlich Vorstellungen, welche in das Gebiet der Klarheit zu erheben, Gierke nicht gelungen ist. Ein Unbekanntes wird durch ein anderes Unbekanntes erklärt. Deutlich ist nur, daß die uns bekannten Vorstellungen von Eigentum, Sachenrecht, Miteigentum keine Anwendung finden sollen. Aber welche anderen Vorstellungen an ihre Stelle zu treten haben, das wird nirgends deutlich. Trotz aller Mühe und Gedankenarbeit schlägt immer wieder der Nebel über uns zusammen, verschwimmendes Helldunkel um uns verbreitend, welches, trotz der Ansicht mancher, auch in „germanistischen" Arbeiten lediglich ein Fehler ist.

Der Fehler liegt darin, daß die Grenze zwischen dem privat=

rechtlichen und (der Ausdruck möge gestattet sein) dem sozialrecht=
lichen Gebiet nirgends klar gegeben ist. Es handelt sich um die
Genossenschaft als Trägerin von **vermögensrechtlichen** Ver=
hältnissen. Das heißt: es handelt sich um eine Frage, welche zu=
nächst und an erster Stelle durchaus **privatrechtlicher Natur**
ist. Soweit es sich um die **Zuständigkeit** des Vermögens, und
damit, soweit es sich um das **Wesen** des Vermögensrechts handelt,
können nur Kategorieen des **Privatrechts** in Frage kommen.
Denn die Frage nach der Zuständigkeit und nach der Art des Ver=
mögensrechts ist eine ganz jenseits alles Körperschaftsrechts und
aller Körperschaftsverfassung liegende, rein privatrechtliche Frage.
Die Kategorieen des „Sozialrechts" können nur dort und erst dort
Anwendung finden, wo **Ausübung und Verwaltung** jener
Vermögensrechte in Frage steht. Über die Zuständigkeit und über
die Art der Vermögensrechte kann keine Verfassung irgendwas be=
stimmen, wohl aber über die Weise, in welcher diese Vermögens=
rechte ausgeübt und über dieselben verfügt werden soll. Nur bei
solcher **Scheidung**, welche dem Privatrecht giebt, was des Privat=
rechts ist, und dem „Sozialrecht", was des Sozialrechts ist, wird
es möglich sein, zu Begriffen zu gelangen, welche, der bekannten
Gedankenwelt sich einfügend, den Inhalt derselben zu erweitern und,
was vor allen Dingen not thut, Deutlichkeit um sich zu verbreiten
imstande sind.

In Gegensatz zu Gierke erklärt Heusler die deutsche Ge=
nossenschaft für eine „reine juristische Person", d. h. für eine juri=
stische Person derselben Art, wie sie uns aus dem römischen
Recht bekannt ist. Das Vermögen der Genossenschaft (z. B. der
Markgenossenschaft) ist lediglich Alleineigentum der Gesamtheit
als juristischer Person. Von irgendwelcher „Verbindung" von „Ein=
heitsrecht und Vielheitsrecht" ist gar keine Rede. Auch die Idee des
Gesamteigentums ist ausgeschlossen, denn es fehlt das Kennzeichen
der gesamten Hand, die gemeinsame Verfügung der Genossen
über das gemeinsame Vermögen. Vielmehr verfügt in der Genossen=
schaft über das Genossenschaftsvermögen der Beschluß der Gesamt=

heit als Einheit (bezw. ihrer Organe) nach Maßgabe der Genossenschaftsverfassung. Dadurch ist (nach Heusler) jede Idee der Vermögensgemeinschaft ausgeschlossen, vielmehr die Idee der juristischen Person und des Alleineigentums derselben von vorneherein (schon „mit der ersten Entstehung der Markgenossenschaften") gegeben. Den Gliedern der Genossenschaft steht als solchen keinerlei Anteil, ja überhaupt keine „Rechte" am Genossenschaftsvermögen zu. Die Nutzungsbefugnisse der Markgenossen an der Almende sind nur „Nutzungen", keine Nutzungsrechte. Sie belasten daher das Alleineigentum der Genossenschaft in keiner Weise, stellen vielmehr lediglich einen Ausfluß desselben dar, und entbehren jeder dinglichen Wirkung nach außen. Selbst das Recht des Markgenossen an seiner Hufe ist nach Heusler kein Recht und dürfte „streng genommen" nicht als „Eigen" bezeichnet werden. An der gesamten Gemeindeflur hat die Genossenschaft das ausschließliche Eigentum, und nur sie allein vermag nach außen als Eigentümerin aufzutreten. Die „Vielheitsrechte" Gierkes sind völlig verschwunden; lediglich das volle, normale, den Kategorieen des gemeinen Privatrechts genau entsprechende Alleineigentum der Genossenschaft als Gesamtheit (juristische Person) ist übrig geblieben. Mit derselben sicheren Dialektik, welche wir vom römischen Recht her gewohnt sind, wird hier das Recht der deutschen Genossenschaft vor uns ausgebreitet[7]).

Wo ist die Wahrheit? Werden wir für die Lehre Gierkes oder für die Lehre Heuslers oder für ein Drittes uns entscheiden?

---

[7]) Vgl. Heusler, Institutionen des deutschen Privatrechts, Bd. 1 (1885) S. 253 ff., besonders S. 262—268. Von anderweitigen Ausführungen ist namentlich die von Laband in Goldschmidts Zeitschr. f. Handelsrecht Bd. 30 S. 483 ff. hervorzuheben. Doch geht Laband lediglich polemisch gegen Gierke vor, ohne seinerseits eine eigene Theorie von der deutschen Genossenschaft zu entwickeln.

I.
Die deutsche Genossenschaft des mittelalterlichen Rechts.

In einem Punkt ist Heusler zweifellos im Recht. Das Eigentum der Genossenschaft darf **nicht** als Gesamteigentum, d. h. nicht als Vermögensgemeinschaft zu gesamter Hand aufgefaßt werden. Für die gesamte Hand ist charakteristisch, daß die Verwaltung des gemeinsamen Vermögens grundsätzlich **durch die einzelnen Mitglieder** vor sich geht, sei es daß sie (was für Verfügung über die Grundstücke die Regel bildet) alle gemeinsam „mit gesamter Hand", sei es, daß sie (was für die Verfügung über bewegliche Sachen und für die rein obligatorische Verfügung die Regel bildet) als Einzelne auftreten. Davon ist bei der Genossenschaft nie die Rede. Bei der Genossenschaft spielt die gesamte Hand, überhaupt das Auftreten der einzelnen Mitglieder als solcher nach außen gar keine Rolle. Für das Handeln und Verfügen der Genossenschaft ist nicht das Handeln und Verfügen der einzelnen Glieder, sondern allein das Handeln und Verfügen der **Gesamtheit** durch ihre verfassungsmäßigen Organe nach außen wirksam. Darum: die Genossenschaft bedeutet den **Gegensatz** der gesamten Hand (Gemeinderschaft)[8].

Noch mehr, der hervorgehobene Gegensatz der Genossenschaft gegen die Gesamthand tritt von vornherein im deutschen Recht deutlich sichtbar vor uns auf. Die deutsche Markgenossenschaft, die älteste und dauerhafteste von allen deutschen Genossenschaften, hat, wenngleich sie, wie wir sehen werden, aus familienartigen Verbänden hervorgegangen ist, dennoch, wenigstens in geschichtlicher Zeit, niemals die Rechtsform der gesamten Hand, sondern immer und ausschließlich die Rechtsform der Genossenschaft aufgewiesen. Gierke hat die Ansicht vertreten, daß die alte Markgenossenschaft eine noch

---

[8] Heusler a. a. O. S. 257. 258.

unentwickelte Form der deutschen Genossenschaft, eine zwischen Gesamthand und Genossenschaft (Körperschaft) schwankende Form vertreten habe⁹). Dem hat Heusler widersprochen¹⁰). Und mit Recht. Von vorneherein verfügte über die Mark ausschließlich die Gemeinde als Ganzes durch ihre Organe, niemals die einzelnen Glieder als solche. Das heißt: die Markgenossenschaft hat von vorneherein genossenschaftliche, und ganz ausschließlich genossenschaftliche Organisation, niemals aber (in geschichtlicher Zeit) die Organisation der gesamten Hand gehabt.

Aber Heusler folgert aus den hervorgehobenen Thatsachen, daß damit die deutsche Genossenschaft von vorneherein den Charakter einer juristischen Person nach Art des römischen Rechts aufgewiesen habe. Er sagt: Sobald die Gesamthand aufhört, sobald das einzelne Mitglied als solches keinerlei Verfügung mehr über das Vermögen hat, hört zugleich das Subjektverhältnis des Einzelnen zu dem gemeinsamen Gut auf. Sobald nur noch die Gesamtheit durch ihre verfassungsmäßigen Organe verfügungsberechtigt ist, hat damit die Setzung der Gesamtheit als Rechtssubjekt des Vermögens stattgefunden. Hier ist ein „idealer Wille" zu rechtlicher Anerkennung und Verfügungsmacht gelangt, und darin liegt (nach Heusler), daß dieser ideale Wille „selber als Person gedacht und behandelt wird". Mit anderen Worten: die Genossenschaft (Markgenossenschaft) ist, weil sie kraft ihrer Verfassung einen eigenen Willen und kraft der Rechtsordnung für diesen ihren eigenen Willen ein privatrechtliches Herrschaftsgebiet hat, eine juristische Person, und das Genossenschaftsvermögen Alleineigentum dieses idealen Subjekts, dieser juristischen Person in dem oben (S. 5) entwickelten Sinne¹¹).

Diesen Schlußfolgerungen Heuslers vermag ich nicht beizutreten. Das Dasein eines Gesamtwillens (die korporative

---

⁹) Gierke, Das deutsche Genossenschaftsrecht, Bd. 2 (1873) S. 134. 135. 382 und sonst.

¹⁰) Institutionen Bd. 1 S. 281.

¹¹) Heusler a. a. O. S. 256—258.

Organisation) und auch das Dasein einer diesem Gesamtwillen gegebenen, privatrechtlich erheblichen Gesamtmacht genügt noch nicht, um das Dasein einer juristischen Person, einer Korporation (Körperschaft) im Sinne des Privatrechts zu begründen.

Eine Korporation (juristische Person) im Sinne des Privatrechts ist nur da gegeben, wo ein vermögensfähiger Gesamtwille, noch nicht aber da, wo ein privatrechtlich verfügungsfähiger Gesamtwille im Recht Anerkennung gefunden hat.

Diese Thatsache gerade ist es, welche durch das deutsche Genossenschaftsrecht klar wird.

Wie das Recht der römischen Korporation sich an dem Munizipium, gerade ebenso hat das Recht der deutschen Genossenschaft sich an der Gemeinde, zuerst der Landgemeinde (Markgenossenschaft), dann der Stadtgemeinde entwickelt. Die Gemeinde ist das geschichtliche Urbild der Körperschaft. An der deutschen Gemeinde studieren wir die deutsche Genossenschaft.

Nun ist bekannt genug, daß von den alten Zeiten her durch das ganze Mittelalter hindurch die Anschauung vorwaltet, welche das Gemeindevermögen als gemeinsames Vermögen der Gemeindegenossen betrachtet und bezeichnet. Gerade davon führt es seinen Namen. Das Gemeindevermögen ist und heißt Gemeinvermögen der Märker, der Nachbarn, der Genossen. Der Gemeinwald ist und heißt die „silva communis". Die Gemeinweide ist und heißt „communis compascuus terminus". Die gemeine Mark ist und heißt die „Almende", die „Allen" gemeinsame. „Den Märkern", „den Nachbarn" gehört das Gemeindegut[12]). Ja, dem Gemeindegenossen wird ausdrücklich ein „Teil", eine „portio" an dem Gemeindevermögen zugeschrieben[13]), und heißen die Gemeindegenossen im Verhältnis zu einander geradezu „Ganerben"[14]). Sie sind und heißen Miteigentümer des Gemeindeguts.

---

[12]) Zahlreiche Belege bei Gierke, Das deutsche Genossenschaftsrecht, Bd. 2 S. 171—173.

[13]) Gierke, Bd. 2, S. 330 Note 8.

[14]) Gierke, Bd. 2 S. 330 Note 10.

Heusler versucht, die Beweiskraft dieser Thatsachen durch den Hinweis darauf abzuschwächen, daß das Gemeindevermögen, wie ebenfalls bekannt ist, häufig auch der „Gemeinde", der „communitas", der „universitas" zugeschrieben wird[15]).

Ausschlaggebend ist die Thatsache, daß die **Rechtssätze von der Vermögensgemeinschaft** (von Miteigentum, Mitrecht, Mitschuld) auf das Gemeindevermögen Anwendung finden.

Es sind namentlich zwei Rechtssätze, welche hier von Bedeutung sind.

Der eine Rechtssatz ist der: **Unter den Gemeindegenossen gilt** (in Bezug auf das „Gemeindevermögen") **Anwachsungsrecht**.

Um diesen Rechtssatz klar zu stellen, gilt es, an den Gegensatz des römischen Miteigentums zu erinnern. Das römische Miteigentum ist Miteigentum zu **festen Anteilen**. Bei Wegfall eines Miteigentümers wird sein Gut keineswegs den andern Miteigentümern anfallen. Im Gegenteil: seine Quote ist **veräußerlich**, und seine Quote wird **vererbt** wie sein übriges Vermögen, sei es ab intestato, sei es ex testamento, sei es auf Angehörige (nahe oder ferne), sei es auf Fremde. Seine Quote ist für die Vererbung wie für die Veräußerung sein **freies Eigentum** gleich seinem übrigen Vermögen. Das deutsche Recht hat neben solchem Miteigentum zu festen Anteilen noch eine andere Art des Miteigentums ausgebildet, welches wir als Miteigentum mit **beweglichen Anteilen**, oder als Miteigentum mit **gegenseitigem Anwachsungsrecht** bezeichnen können. Fällt ein Miteigentümer fort, so wird seine Quote **nicht vererbt**, sondern vergrößert den Anteil der übrigen. Eine Ausnahme findet nur zu Gunsten seiner **hausangehörigen Erben** (heredes domestici) statt, welche schon bei seinen Lebzeiten als Mitinhaber seines Vermögens gedacht werden und nach seinem Tode kraft Rechtssatzes (als sui heredes) in seine Stelle einrücken. Aber die Quote vererbt nur auf solche sui, nicht auf andere Erben.

---

[15]) Heusler a. a. O. S. 265. 266.

Sie kann auch nicht durch Rechtsgeschäft, weder unter Lebenden, noch von Todes wegen auf andere übertragen werden¹⁶). Die Quote ist als solche grundsätzlich unveräußerlich und unvererblich. Die Quote stellt **unfreies** Vermögen dar, gebunden durch das Anteilrecht der „Ganerben". Die Anwartschaft, das Anwachsungsrecht der andern Mitinhaber hindert für den Einzelnen die freie Verfügung, die freie Vererbung. Alle haben gleiches Anrecht, gleiche Anwartschaft auf die **ganze Sache**. Dies deutschrechtliche Miteigentum zu beweglichen Anteilen ist ein Miteigentum, welches die Kraft und das Streben in sich trägt, Alleineigentum zu werden, und darum alle Miteigentümer gegenseitig aneinander bindet.

Ein Miteigentum der geschilderten Art ist bekanntlich das deutsche Gesamteigentum (das Miteigentum, bezw. die Mitberechtigung zu gesamter Hand)¹⁷).

Aber nicht bloß das Gesamteigentum. Sondern gerade so das genossenschaftliche Eigentum. Auch das Eigentum der deutschen Genossenschaft (zunächst der Markgenossenschaft) bedeutet **Miteigentum**, aber Miteigentum **zu beweglichen Anteilen** und folgeweise mit Anwachsungsrecht der Genossen.

Schon aus dem Grunde, weil die Markgenossenschaftsverbände aus Geschlechtsverbänden hervorgegangen sind. Es sind in der Urzeit familienartige Verbände (Sippen), denen von der Obrigkeit **Grund und Boden zu gemeinsamer Bewirtschaftung** übergeben wird¹⁸). Die gesamte Flur wird von den Genossen wie von einer einzigen Familie auf gemeinsamen Gedeih und Verderb

---

¹⁶) Eine Ausnahme macht das Capitular von 818 (819) c. 6 (Boretius I p. 282) zu Gunsten der extra pagum gemachten Vergabung an die Kirche. Vgl. Heusler a. a. O. S. 237.

¹⁷) Vgl. jetzt Heusler a. a. O. S. 236 ff.

¹⁸) Caesar de bello Gallico VI, 22: magistratus ac principes in annos singulos **gentibus cognationibusque hominum, qui tum una coierunt, quantum et quo loco visum est agri attribuunt**. Vgl. die genealogiae der lex Alamannorum (ed. Lehmann) tit. 81. Dazu Brunner, Deutsche Rechtsgeschichte, Bd. 1 S. 59. 84; Schröder, Deutsche Rechtsgeschichte, S. 47.

bebaut, bestellt. Da das Familieneigentum (Eigentum der Sippe) zweifellos eine Art der Vermögensgemeinschaft, nicht aber Eigentum einer juristischen Person bedeutet[19]), so ist zweifellos, daß das Eigentum auch der Markgenossenschaft ursprünglich und von vornherein gleichfalls als **gemeinsames** Eigentum der Markgenossen (Sippegenossen) gedacht worden ist, trotzdem daß die Markgenossenschaft, weil den Kreis der **Einzelfamilie** überschreitend und früh in einen **Ortsgemeindeverband** sich verwandelnd, sich nicht in der Form der gesamten Hand, sondern in der Form der Genossenschaft (korporativ) organisierte. Die **gemeine Wirtschaft** der Markgenossen ist in gewissem Maße durch all die folgenden Jahrhunderte festgehalten worden. In diesem Sinne wird der Flurzwang gehandhabt, welcher die Einzelwirtschaft den Beschlüssen der Gemeinde unterordnet. In demselben Sinne wird die Almende als das gemeinsame Mittel zur Ergänzung der Einzelwirtschaften verwaltet. Wie die Zunft die gemeinsame Ausübung des Gewerberechts, so bedeutet die Markgenossenschaft bis zu ihrer Auflösung in neuester Zeit den **gemeinsamen** Betrieb der Landwirtschaft. Aber innerhalb der Gemeinwirtschaft ist schon seit den Zeiten des Tacitus die Sonderwirtschaft aufgekommen. Das Ackerfeld, die ihm zugeloste Hufe wird von dem Einzelnen (bezw. der Einzelfamilie) auf **privaten** Gedeih und Verderb bewirtschaftet. Damit ist das „Eigentum" des Einzelnen an der Hufe aufgekommen. Heusler möchte diesem Eigentum an der Hufe den Namen Eigentum absprechen. Nach seiner Lehre befindet auch die Hufe, wenigstens nach außen, sich „streng genommen" im Alleineigentum der Gemeinde und nicht in irgend welchem Eigentum der Genossen (oben S. 9). Mit diesen Behauptungen geht Heusler zu weit. Er selbst giebt zu (S. 278), daß eine neue Aufteilung der Feldflur Einstimmigkeit der Genossen voraussetzte, also das Recht des Einzelnen an der Hufe auch der Gemeinde gegenüber ein wohlerworbenes, rechtlich geschütztes, von Majoritätsbeschlüssen unabhängiges, d. h. in unserem Falle wirklich Eigen-

---

[19]) Vgl. Heusler a. a. O. S. 258 ff.

tum war[20]). Aber trotzdem ist das Eigentum an der Hufe, welches in der Feldflur liegt, kein freies Eigentum.

Die Hufen sind zu Sondereigentum aufgeteilt. Aber es giebt nach deutschem Recht zwei Arten der Teilung: die Totteilung und die bloße Mutschierung. Die Totteilung ist Realteilung, welche die Gemeinschaft aufhebt. Die Mutschierung ist gleichfalls Realteilung, aber Realteilung **ohne Aufhebung der Gemeinschaft**. Die Mutschierung erzeugt Sondereigen, aber **kein freies Sondereigen**. Es bleibt als Ausfluß der fortbestehenden Gemeinschaft die Beschränkung in der Verfügung (es bedarf zur Veräußerung nach wie vor der Mitwirkung der Genossen). Es bleibt namentlich das Anwachsungsrecht. Fällt der durch Mutschierung Ausgesonderte ohne anteilberechtigte Erben weg, so fällt das Gut an die Genossen kraft der noch fortbestehenden Gemeinschaft[20a]).

Die Verteilung der Hufen zu Sondereigen bedeutet Mutschierung, nicht Totteilung. Damit ist die rechtliche Art des Eigentums an der Hufe gegeben. Das Eigentum an der Hufe ist unfreies Eigentum, weil es innerhalb der Vermögensgemeinschaft der Genossen geblieben ist. Die Verlosung der Hufen ist reelle Teilung **ohne Aufhebung der Gemeinschaft**. Darum bleiben auch für die Hufen die Rechtswirkungen der Gemeinschaft bei Bestand. Es bleibt die Beschränkung in der Verfügung. Es bleibt namentlich das Anwachsungsrecht der Genossen.

Für beides haben wir quellenmäßige Belege.

Nach der Lex Salica (tit. 59 § 5) ist das Eigentum an der Hufe nicht frei vererblich. Es fällt nur an hausangehörige Erben, und zwar nur an die Söhne, nicht an die Töchter. Sind keine

---

[20]) Vgl. gegen Heusler auch Gierke, Genossenschaftstheorie S. 313 in der Note. Anders vielleicht in Dänemark wegen des Reebningsverfahrens (vgl. Schröder, Rechtsgesch. S. 200). Hier wäre dann das Miteigentum der Genossen als voll erhalten zu denken.

[20a]) Vgl. Stobbe in der Zeitschr. f. Rechtsgesch. Bd. 4 S. 244 ff. Wippermann, Ganerbschaften, S. 16 ff. Heusler, Institutionen, Bd. 1 S. 247. 248.

anteilberechtigten hausangehörigen Erben (Söhne) da, so tritt das Anwachsungsrecht der Genossen, das sog. Erbrecht der vicini ein. Eine Verfügung Chilperichs hat auch der Tochter, dann dem Bruder, dann der Schwester ein Erbrecht gegeben. Erst nach der Schwester kommen die vicini[21]). Der freigewordene Teil (die Hufe) wächst den Genossen an.

Nach derselben Lex Salica (tit. 45) ist die Hufe nicht frei veräußerlich. Auch nicht zu einem Teil. Ist ein Ungenosse „zu einem andern" (super alterum)[22]) in das Dorf gezogen, so hat jeder Gemeindegenosse binnen Jahresfrist das Widerspruchsrecht und vermag den Fremdling durch Prozeßverfahren aus der Gemeinde auszutreiben. Eine Veräußerung der Hufe ohne Zustimmung der Gemeinde kennt die Lex Salica (tit. 58) nur in einem einzigen Fall: si quis hominem occiderit et tota facultate data non habuerit, unde tota lege conpleat, und auch hier nur an Sippegenossen. In solchem Fall echter Not wird auch das grundsätzlich unveräußerliche Gut veräußerlich.

Die Nachwirkung dieser Rechtssätze ist durch das ganze Mittelalter hindurch und darüber hinaus in der Mark- und Nachbarlosung erkennbar. Im Fall der Veräußerung der Hufe hat entweder die Gemeinde oder der nächste Nachbar ein Retraktsrecht. Das Retraktsrecht spricht zugleich die Beschränkung in der Veräußerung (es bedarf der Zustimmung der Gemeinde, des Nachbarn) und das alte Anwachsungsrecht („Erbrecht") aus. Fällt der zunächst Anteilsberechtigte (durch seine Veräußerungshandlung) fort, so geht der Genosse (kraft seines Miteigentums) dem Ungenossen (dem dritten Erwerber) vor. Von besonderer Bedeutung ist, daß nicht immer die Gemeinde, sondern häufig nur der nächste Nachbar das Retraktsrecht hat[23]). Das Recht der Gemeinde ist in ein Recht

---

[21]) Vgl. zu dem obigen Gierke, Erbrecht und Vicinenrecht, in der Zeitschrift f. Rechtsgesch., Bd. 12 (1876) S. 439 ff. 462 ff.

[22]) Vgl. Lex Salica tit. 55, 4: Si quis hominem mortuum super alterum („bei einem anderen") in nauco aut in poteo miserit —.

[23]) Dem entspricht die in Schweizer Hofweistümern häufige Bestimmung,

des nächsten Nachbarn verwandelt. Wie ist das möglich? Weil von vornherein hier ein Recht nicht der Gemeinde als juristischer Person, sondern der „Nachbarn" (vicini), d. h. der Genossen (von denen der nächste Nachbar sein Recht behauptete) gegeben war. Weil es sich handelte um eine Veräußerungsbeschränkung und um ein Anwachsungsrecht, entsprungen aus der Vermögensgemeinschaft, in welcher der Hufeneigentümer als Genosse mit den andern Genossen, den „Nachbarn" stand.

Das „Eigentum" der Markgenossenschaft an der Markflur bedeutet rechtlich nicht Alleineigentum der Genossenschaft als juristischer Person, sondern Miteigentum der Genossen als einer Summe von physischen Personen.

Die Rechtssätze von genossenschaftlichem Miteigentum finden, wie sich gezeigt hat, Anwendung.

Der zweite Rechtssatz, welcher die Glieder der Gemeinde-Genossenschaft als Subjekte einer Vermögensgemeinschaft behandelt, ist dieser: der Gemeindegenosse haftet für die Schulden der Gemeinde.

Mit der Vermögensgemeinschaft römischen Stiles ist nichts von Schuldengemeinschaft verbunden. Die einzelnen Miteigentümer gehen als solche einander gar nichts an. Das römische Miteigentum ist als solches ein Miteigentum mit gesonderter Wirtschaft der condomini.

Anders bei den Vermögensgemeinschaftsformen, welche dem deutschen Recht eigentümlich sind. Das deutsche Recht kennt eine Vermögensgemeinschaft mit gemeinsamer Wirtschaft der Miteigentümer. Die mit Vermögensgemeinschaft verbundene gemeinsame Wirtschaft hat Schuldengemeinschaft zur Folge.

Das finden wir bei der gesamten Hand, welche in der älteren Zeit ohne gemeinsame Wirtschaft gar nicht denkbar ist. Die in

---

daß in Ermangelung befähigter Hofeserben der nächste Nachbar erben soll. Das Erbrecht (Anwachsungsrecht) des nächsten Nachbarn ist der letzte Rest des alten Erbrechts (Anwachsungsrechts) der sämtlichen vicini (der Gemeinde). Vgl. Gierke in der Zeitschr. f. Rechtsgesch. Bd. 12 S. 471. 472.

Gemeinwirtschaft sitzenden Gesamthänder haften auch dem dritten Gläubiger solidarisch für die von dem Einzelnen in Führung der Gemeinwirtschaft[24]) kontrahierten Schulden. Sie sitzen auf gemeinsamen Gedeih und Verderb. Beispiele: Die in Gütergemeinschaft lebenden Ehegatten, die in ungeteiltem Gute sitzenden Ganerben, die Erwerbsgesellschaft, z. B. die offene Handelsgesellschaft[25]).

Das finden wir ebenso bei den in **Gemeinwirtschaft sitzenden Genossen**.

Auch das Urbild der Genossenschaft, die Markgenossenschaft, ist von Gemeinwirtschaft der Genossen ausgegangen und hat bis in die jüngste Zeit in gewissem Maße die Züge der Gemeinwirtschaft bewahrt (S. 14. 15). Und zwar ist die Gemeinwirtschaft der Genossen nicht bloß eine äußere[26]), sondern eine wahre, auf **Vermögensgemeinschaft** beruhende Gemeinwirtschaft. Darum sitzen auch die Genossen **auf gemeinsamen Gedeih und Verderb**. Dies ist der ursprüngliche Rechtsgedanke. Er hat trotz der Ausbildung der Sonderwirtschaften innerhalb der Gemeinde seine Nachwirkung in der Schuldengemeinschaft der Genossen behauptet.

Die Genossenschaft haftet für die Schulden der Genossen, und der Genosse haftet für die Schulden der Genossenschaft. Beide Sätze gehen durch das ganze Mittelalter.

Die Gemeinde haftet subsidiär für den Gemeindegenossen, für seine Delikte, für seine Steuern und Abgaben, auch für seine Kon-

---

[24]) Daher sind gewisse Schulden, welche lediglich dem Einzelinteresse dienen, ausgenommen (Sachsensp. I, 12: verspelen, verhuren, vergüften). Ebenso die Schulden, welche von einem nicht zur Führung der Gemeinwirtschaft berechtigten Gesamthänder kontrahiert sind, vgl. die Stellung der Frau in der gütergemeinschaftlichen Ehe.

[25]) Vgl. Sachsensp. I, 12: Svar brudere oder andere lüde ir gut to samene hebbet, verhoget se dat mit irer kost oder mit irme deneste, de vrome is ir aller gemene; dat selve is de scade. Ausgenommen: in Bezug auf den Erwerb, svat en man mit sime wive nimt; in Bezug auf den Verlust die in Note 24 genannten Fälle. — Über lübisches Recht Stobbe, Zur Gesch. des deutschen Vertragsrechts (1855) S. 149.

[26]) Wie z. B. bei der Ehe ohne Gütergemeinschaft.

traktsschulden²⁷). Der Gemeindegenosse kann für die Schuld des Gemeindegenossen gepfändet werden²⁸). Das gilt bei Stadtgemeinden²⁹), wie bei Dorfgemeinden. Auch die Stadtgemeinde bedeutet keine Änderung des alten Genossenschaftsbegriffs (gegen Gierke); sie ist, genau wie die Landgemeinde, eine Genossenschaft **altdeutschen Stils**.

Ebenso umgekehrt. Die Gemeindegenossen haften für die Schulden der Gemeinde. Für jede Schuld der Gemeinde haftet jeder Gemeindeangehörige solidarisch und mit seinem ganzen Vermögen. Für jede Schuld der Gemeinde kann jeder Gemeindegenosse vom Gläubiger gepfändet, gefangen gesetzt werden. Und das gilt wiederum für Stadt- wie für Landgemeinden³⁰).

Heusler³¹) sucht sich dieses Satzes, welcher allerdings wenig mit seiner Lehre von der Genossenschaft als „juristische Person" übereinstimmt, durch die Behauptung zu erwehren, daß das Inanspruchnehmen der Gemeindeglieder für die Schulden der Gemeinde „nicht Recht, sondern Gewaltthätigkeit" gewesen sei. Stobbe erklärt denselben Satz für ein Zeichen des „Schwankens", der Unsicherheit, mit welcher das mittelalterliche deutsche Recht den Begriff der juristischen Person gehandhabt habe³²).

Wenn aber irgend etwas Rechtens, nicht bloß thatsächliche Gewalt im Mittelalter gewesen ist, so war es jene Haftung der Gemeindeglieder für die Gemeindeschulden, und wenn irgend etwas nicht auf Schwanken und Unsicherheit, sondern auf ganz präziser An-

---

²⁷) Belege bei Gierke, Das deutsche Genossenschaftsrecht, Bd. 1 S. 73; Bd. 2 S. 387 ff. 772.

²⁸) Gierke, Bd. 2 S. 388. 772. Vgl. die berühmte Auth. Habita: der Scholar soll nicht ob alterius ejusdem provinciae delictum gepfändet werden, quod aliquando ex perversa consuetudine factum audivimus.

²⁹) Vgl. die bei Gierke a. a. O. gesammelten Belege.

³⁰) Gierke, Bd. 2 S. 383—386. 404. 770. Stobbe, Handbuch des deutschen Privatrechts, Bd. 1 (2. Aufl.) S. 394. Stobbe, Zur Gesch. des deutschen Vertragsrechts, S. 152. 153.

³¹) Institutionen, Bd. 1 S. 280.

³²) Stobbe, Handbuch a. a. O. S. 393.

wendung klarer, mächtiger, breit entwickelter Rechtsgedanken beruht hat, so war es wiederum gerade vor allen Dingen jene Schuldhaftung der Gemeindeglieder, welche uns hier beschäftigt.

Die Haftung der Gemeindeglieder für die Schulden der Gemeinde ist Rechtens gewesen in Deutschland, Italien, Frankreich, England[33]). Besonders häufig war es, daß der Magistrat der Stadt (die Ratmannen, die maires, échevins et syndics) persönlich mit ihrem Vermögen für die Schulden der Stadt in Anspruch genommen wurden. Die Parlamente Frankreichs haben diese Praxis bis zum Ende des 18. Jahrhunderts geübt[34]). In den Vereinigten Staaten Nordamerikas ist heute allgemein die Haftung der Korporationsglieder für die Korporationsschulden beseitigt worden; in Neu-England aber gilt noch jetzt der Satz, daß „the inhabitants of towns are personally liable for judgments against town corporations"[35]).

Auch in Deutschland reicht die Haftung der Gemeindeglieder für die Gemeindeschulden bis nahe an die Gegenwart heran. Noch ein kursächsisches Mandat vom 2. Dezember 1713 bestimmt, daß für die Schulden der Stadt- und Dorfkommunen, wenn anders sie auf verfassungsmäßigem Wege kontrahiert worden sind, **alle Gemeindeglieder haften**, gleichgiltig, ob sie schon zur Zeit der Schuldaufnahme Gemeindeglieder waren oder nicht. Der Satz war ein Rechtssatz des gemeinen Sachsenrechts. Dadurch wird erklärlich, weshalb die „allgemeine Landgemeindeordnung" von Sachsen-Weimar vom 2. Februar 1840 § 27 bestimmt:

„Die Gemeinden können Rechte erwerben und Verbindlichkeiten eingehen. — Aber die Rechte und Verbindlichkeiten der Gemeinden sind an sich **nicht** Rechte und Verbindlichkeiten der einzelnen Gemeindeglieder."

---

[33]) Vgl. die interessante Zusammenstellung von Zeugnissen aus dem deutschen, französischen, italienischen, anglo-amerikanischen Recht bei Meili, Rechtsgutachten und Gesetzesvorschlag betr. die Schuldexekution gegen Gemeinden, Bern 1885, S. 1—16.
[34]) Meili a. a. O. S. 6—8.
[35]) Meili a. a. O. S. 8. 9.

Es bedurfte der ausdrücklichen Aufhebung der Haftung der Gemeindeglieder für die Gemeindeschuld. Dagegen hat das Grundgesetz von Sachsen-Altenburg vom 29. April 1831 § 112 noch den Rechtssatz, daß „für Gemeindeschulden zunächst das Gemeindevermögen und **aushülflich das Privatvermögen der einzelnen Glieder haftet;** — später hinzutretende Mitglieder sind beitragspflichtig"[36]).

So zäh hat d e u t s c h e s Genossenschaftsrecht bis in das 19. Jahrhundert sich behauptet!

Der Rechtsgedanke aber, welcher zu Grunde liegt, ist der, daß die Genossenschaft des deutschen Rechts (zunächst die Gemeinde) keine juristische Person im Sinne unserer romanistischen Theorie ist, daß ihr Vermögen n i c h t Alleinvermögen der Gesamtheit, sondern g e m e i n s a m e s Vermögen der einzelnen Genossen als p h y s i s c h e r P e r s o n e n darstellt. Die Wirtschaft der Gemeinde bedeutet g e m e i n s a m e W i r t s c h a f t der Genossen, und die auf Vermögensgemeinschaft ruhende Wirtschaftsgemeinschaft zieht auch hier, genau wie in den oben besprochenen Fällen der gesamten Hand die Schuldengemeinschaft nach sich.

Auch die Wirtschaft der Stadtgemeinde bedeutet nach deutschem Recht nicht eine Sonderwirtschaft der Stadt als juristischer Person, sondern eine gemeinsame Wirtschaft der einzelnen Bürger. Daher führt auch die städtische Genossenschaft die Haftung der Bürger für die Schulden der Stadtgemeinde mit sich.

Selbst in herrschaftlichen Verbänden schlägt derselbe Gedanke durch. Der ganze Gutsverband (welcher Ursprung und Vorbild des herrschaftlichen Verbandes bildet) stellt vermöge der gegenseitigen Leistungen zwischen Herren und Hintersassen nach außen eine einzige gemeinsam wirtschaftende Genossenschaft dar. Daher der Satz, daß der Unterthan auch für die Schulden seines Herrn und umgekehrt

---

[36]) Auf diese beiden neueren Gesetze hat bereits M e i l i S. 5 aufmerksam gemacht.

der Herr für die Schulden seiner Unterthanen in Anspruch genommen werden kann³⁷).

Der hervorgehobene Gesichtspunkt ergiebt zugleich die feste Grenze für die Anwendung des aufgestellten Rechtssatzes. Voraussetzung ist eine in gemeinsamer Wirtschaft wirksam werdende Organisation. Die Sippe ist daher als solche keine Genossenschaft in dem hervorgehobenen Sinne. Schon deshalb, weil sie als solche nicht korporativ organisiert ist³⁸). Aber auch wo die Familie, wie z. B. in den Kreisen des hohen Adels, korporative Formen annimmt, ist keine Genossenschaft und keine Schuldhaftung in dem oben entwickelten Sinne gegeben, sobald die gemeine Wirtschaft der Familiengenossen aufgehoben worden ist.

Der Satz von der Schuldhaftung der Genossen gilt nur, wenn der Ausdruck gestattet ist, von der Wirtschaftsgenossenschaft des deutschen Rechts, d. h. von der Genossenschaft des Privatrechts, von der Genossenschaft also, welche vermögensrechtliche Grundlagen und Aufgaben hat.

Allerdings, die Schuldhaftung der Genossen für die Schulden der Genossenschaft ist nicht notwendig eine Schuldhaftung mit dem ganzen Vermögen. Bei Eingehung einer Erwerbsgesellschaft kann ausgemacht werden, daß der Gesellschafter nur mit einem bestimmten Betrag (der heutigen Kommanditgesellschaft entsprechend)

---

³⁷) Stobbe, Zur Gesch. des deutsch. Vertragsrechts, S. 150. 151. Gierke, Das deutsche Genossenschaftsrecht, Bd. 2 S. 389—391. Vgl. oben Note 28: Pfändung wegen Deliktsschulden eines „Landsmannes" (eiusdem provinciae). — Es kommt vor, daß die Haftung der Unterthanen für den Herrn sich auf das Maß seiner, dem Herrn geschuldeten Leistungen beschränkt, Gierke a. a. O. S. 390 Note 15. Der Satz erinnert an den bekannten deutschen Rechtssatz, daß der Mieter, Pächter (Hintersasse) von dem Gläubiger seines Vermieters, Verpächters auf den Betrag des geschuldeten Mietzinses unmittelbar in Anspruch genommen werden kann. Dieser Rechtssatz stammt aus dem gutsherrlichen Verbande und folgeweise aus dem im Text entwickelten Grundgedanken.

³⁸) Die Haftung der Sippegenossen für das Wergeld muß also (gegen Gierke, Bd. 2 S. 387) auf andere Grundgedanken zurückgeführt werden.

für die Kosten des Unternehmens einstehe. Eine solche Beredung ist auch nach außen wirksam: allein der geschäftsführende („persönlich haftende") Gesellschafter haftet dann für die Schuld mit seinem ganzen Vermögen[39]). Ebenso kann durch Herkommen die Haftung des Genossen auf ein bestimmtes Maß beschränkt werden: so wenn der Unterthan nur noch auf das Maß der schuldigen Steuern und Abgaben für die Schulden des Herrn haftet[40]). Die bekanntesten Fälle dieser Art sind die Genossenschaften des Bergrechts (Haftung nur mit dem Kux), des Salzrechts (Haftung nur mit der Pfanne). In diesen Fällen steht der Genosse nur mit seinem Anteil für die Genossenschaftsschuld ein. Ja, es kann, wie es durch die spätere Gesetzgebung geschehen ist, die Klage des dritten Gläubigers gegen den einzelnen Genossen ganz versagt werden, so daß der Genosse von dem Gläubiger nur mittelbar, sofern in dem Genossenschaftsvermögen auch sein „Anteil" steckt, in Anspruch genommen werden darf[41]). Trotzdem liegt auch in diesem Fall eine Haftung des Genossen für die Genossenschaftsschuld vor: Die Klage gegen die Genossenschaft ist Geltendmachung der gemeinsamen Schuldhaftung der Genossen[42]).

Die voraufgehende Darstellung hat vornehmlich die Gemeinde-Genossenschaft, Land- und Stadtgemeinde, in den Vordergrund gestellt. Gerade gegenüber den Fällen, welche soeben besprochen worden sind, wird es wichtig, darzuthun, daß die gleichen Grundsätze nach deutschem Recht für alle privatrechtlichen Genossenschaften gelten. Den deutlichsten Beweis giebt hier die Korporationstheorie der italienischen Juristen.

---

[39]) So nach lübischem Recht, vgl. Stobbe, Vertragsrecht, S. 149.
[40]) Vgl. oben Note 37.
[41]) Daß das nicht das Ursprüngliche ist, zeigt z. B. die Thatsache, daß nach der Kurpfälzischen Bergordnung von 1791 Art. 56. 64 subsidiäre persönliche Haftung der Gewerken für die Gewerkschaftsschuld gilt; Gierke, Genossenschaftsrecht, Bd. 1 S. 973 Note 19.
[42]) Daß auch in den Salzgenossenschaften der einzelne seinen bestimmten „Teil" am Salzwerk hat, zeigt an einem konkreten Fall Schröder in der Zeitschr. f. Rechtsgesch., Bd. 10 S. 258 ff. 270.

Die Glossatoren lehren, daß die Mitglieder der Korporation einen Anteil am Vermögen der Korporation haben: quod ergo erat collegii, erat singulorum. Dem entsprechend lehren sie, daß die Korporationsglieder wenigstens subsidiär für die Korporationsschulden haften: si bona civitatis non sufficiunt, so geht die Exekution in bona singulorum[43]). Und das alles trotz des offenbaren Widerspruchs dieser Sätze mit den römischen Quellen. Den römischen Rechtssätzen wurde zum Schluß nur so weit Raum gegeben, daß ein Unterschied gemacht wurde: ein Teil des Korporationsvermögens (z. B. der durch die Beiträge der Glieder gebildete) ist Miteigentum der einzelnen Glieder. Dagegen der andere Teil des Korporationsvermögens (z. B. was der Korporation vermacht wird) ist Alleineigentum der Gesamtheit[43a]). Auch nachdem bereits, namentlich durch den Einfluß der Kanonisten, die scharfe Scheidung zwischen Korporationsvermögen und Vermögen der einzelnen Glieder sich durchgesetzt hatte, erhielt sich unzerstörlich der Satz, daß die Korporationsglieder subsidiär, sei es pro rata, sei es in solidum, für die Korporationsschulden haften, daß der Gläubiger ein Recht hat, wenn nicht die einzelnen Glieder unmittelbar zu verklagen, so doch die Korporation zu einem Umlageverfahren zu nötigen, und — auch ausgeschiedene Mitglieder sind in solcher Weise noch nachträglich für die damals bereits vorhandenen Korporationsschulden haftbar[44]). Namentlich der zuletzt hervorgehobene Rechtssatz macht unzweideutig klar, daß die Korporationsschuld zugleich als **persönliche Schuld der Korporationsglieder** gedacht ist, daß ein Recht des Gläubigers unmittelbar gegen den einzelnen Genossen den Rechtsgrund des von der Korporation zu veranlassenden Umlageverfahrens (ganz gerade so wie bei den heutigen Erwerbs- und Wirtschaftsgenossenschaften) darstellt.

Es ist das germanische Genossenschaftsrecht, welches in jenen Sätzen der Italiener zum Ausdruck gelangt. Unter den

---

[43]) Gierke, Genossenschaftsrecht, Bd. 3 S. 212. 214.
[43a]) Gierke, Genossenschaftsrecht, Bd. 3 S. 213.
[44]) Gierke, Genossenschaftsrecht Bd. 3 S. 379. 380. 449. 450.

Genossen besteht Vermögensgemeinschaft (quod est collegii, est singulorum) und folgeweise Schuldengemeinschaft.

Warum so notwendig und unausweichlich? Weil die Schulden der Genossenschaft als solche vielmehr gemeinsame Schulden der Genossen sind. Die Genossenschaft als solche ist gar nicht das Subjekt des Schuldverhältnisses, — ja, sie vermag es gar nicht zu sein, — sondern lediglich die einzelnen Genossen, auch dann, wenn nur das (gemeinsame) Genossenschaftsvermögen von dem Gläubiger in Anspruch genommen werden kann. Wir haben einen Satz, welcher unmittelbar die Wahrheit des soeben Behaupteten beweist. Das ist der Satz, daß für die Schuld des einen Genossen unmittelbar der andere Genosse gepfändet werden kann[45]. Wie ist das möglich? Weil für die Schuld des Genossen die Genossenschaft haftet (S. 19. 20), und weil diese Haftung der „Genossenschaft" rechtlich eine Haftung der einzelnen Genossen bedeutet. Wenn es heißt: die Genossenschaft haftet für den Genossen, so heißt das vielmehr: die sämtlichen Genossen stehen für jeden einzelnen Genossen ein. Die Genossenschaft als solche ist kein Rechtssubjekt (Schuldsubjekt). Die Genossenschaft als Subjekt von Rechtsverhältnissen bedeutet lediglich die Summe ihrer Mitglieder.

Wir haben hier auf dem Gebiet der Schuldhaftung genau denselben Satz gefunden, welcher uns oben auf dem Gebiet der Rechte der Genossenschaft begegnet ist. Das Anwachsungsrecht (Erbrecht) und Retraktsrecht der Gemeinde bedeutet rechtlich vielmehr ein Anwachsungsrecht und Retraktsrecht der einzelnen Gemeindeglieder (vicini) und kann daher Anwachsungsrecht und Retraktsrecht der Gemeinde (der sämtlichen Nachbarn) in ein Anwachsungsrecht und Retraktsrecht nur des einen nächsten Nachbarn sich verwandeln (S. 17. 18). Das Recht der Gemeinde bedeutet in Wahrheit und von Rechts wegen nur ein Recht ihrer Glieder[45a]. Die Genossenschaft

---

[45] Oben S. 20 Note 28. Vgl. S. 23 Note 37.

[45a] Ganz dieselbe Erscheinung wiederholt sich, wo eine Bauerngemeinde den Pfarrer zu berufen berechtigt war. Daraus ging kein reguläres Patronatrecht hervor, weil die Gemeinde dem Mittelalter keine juristische Person war. Vgl. die interessanten Bemerkungen von O. Mejer, das Rechtsleben der deutschen evangelischen Landeskirchen (1889) S. 101.

als solche ist wie der Zuständigkeit von Schulden, so der Zuständigkeit von Rechten unfähig. Die Genossenschaft bedeutet kein neues Vermögenssubjekt neben ihren Gliedern.

Die deutsche Genossenschaft ist vermögensunfähig.

Damit ist unmittelbar der Beweis erbracht, daß die deutsche Genossenschaft keine juristische Person im Sinne des Privatrechts ist.

Das Vermögen der Genossenschaft bedeutet nicht Alleineigentum der Gesamtheit, sondern lediglich Miteigentum der einzelnen Glieder. Darum finden, wie gezeigt worden ist, auf das „Vermögen der Genossenschaft" die Rechtssätze von der Vermögensgemeinschaft Anwendung. Es gilt unter den Genossen in Bezug auf das Genossenschaftsvermögen, und zwar selbst in Bezug auf die Teile des genossenschaftlichen (gemeinsamen) Vermögens, welche den einzelnen zu „Eigen" zugeteilt sind (die Hufe), Anwachsungsrecht. Es gilt ferner unter den Genossen kraft ihrer Vermögens- und Wirtschaftsgemeinschaft die gemeinsame Schuldhaftung.

Weil auch die Genossenschaft eine Vermögensgemeinschaft ihrer Glieder bedeutet, finden auf das Genossenschaftsvermögen, soweit die Wirkungen gemeinsamer Vermögenszuständigkeit in Frage kommen, genau die gleichen Rechtssätze Anwendung, wie auf das gemeinsame Vermögen zu gesamter Hand.

Und doch ist ein Gegensatz zwischen der Genossenschaft einerseits und der Gesamthand andererseits gegeben. Worin besteht dieser Gegensatz?

II.

Gegensätze.

Der Genossenschaft steht auf der einen Seite die Gesamthand, auf der anderen Seite die Korporation (im Sinne des Privatrechts, d. h. die juristische Person) gegenüber.

I. Mit der Gesamthand stimmt die Genossenschaft überein in Bezug auf die Zuständigkeit des Vermögens (vgl. I). Der

Unterschied bezieht sich allein auf die Verwaltung des Vermögens.

Die Verwaltung des zu gesamter Hand besessenen Vermögens ist eine **gemeinsame Verwaltung der Mitglieder** (condomini). Das heißt: die Verwaltung des gemeinsamen Vermögens ist grundsätzlich den Mitgliedern als solchen zuständig. Es ist nicht notwendig, daß die Mitglieder sämtlich die gleiche Stellung zu der Vermögensverwaltung haben. Es kann ein Mitglied bevorzugte Verwaltungsrechte, ein anderes beschränkte Verwaltungsrechte haben[46]). Ja, es können einzelne oder viele Mitglieder ganz von der Verwaltung ausgeschlossen sein[47]). Es kann die Verwaltungshandlung bald nur den sämtlichen Mitgliedern gemeinsam, „zu gesamter Hand" (so nach mittelalterlichem Recht bei Verfügungen über Grundbesitz), bald jedem einzelnen (verwaltungsberechtigten) Mitglied für das Ganze zuständig sein[48]). Immer aber ist die Verwaltung **grundsätzlich eine Verwaltung durch Mitglieder als solche**[49]), und — die

---

[46]) Man vgl. die Stellung von Mann und Frau in der gütergemeinschaftlichen Ehe, die Stellung des Vaters und der Söhne in der Gesamthand des Hauses (Heusler, Instit. Bd. 1 S. 245).

[47]) Man vergleiche die Stellung der Kommanditisten in der Kommanditgesellschaft auf Aktien.

[48]) Vgl. Gierke, die Genossenschaftstheorie, S. 352 Note 1.

[49]) Möglich ist, daß durch besondere **Vereinbarung** die Verwaltung anderweitig geregelt ist. So z. B. wenn in der offenen Handelsgesellschaft vertragsmäßig die gesamte Verwaltung einem Prokuristen übertragen worden ist. Aber der Prokurist handelt dann als Stellvertreter anstatt der eigentlich verwaltungsberechtigten Mitglieder, kraft **fremden Verwaltungsrechts**, vermöge einer Ernennung, welche von diesen Mitgliedern, bezw. von deren gesetzlichen Vertretern ausgegangen ist. Ein Vorstand mit eignem Verwaltungsrecht wie bei der Aktiengesellschaft ist (trotz des von Laband bei Goldschmidt Zeitschr. f. Handelsr., Bd. 30 S. 481 Note 15 Bemerkten) bei der offenen Handelsgesellschaft undenkbar. Der „Vorstand" einer offenen Handelsgesellschaft (falls etwa die Zahl der Gesellschafter groß geworden ist; vgl. Laband a. a. O.) hat immer nur die Stellung eines Mandatars, nie aber die eines Organs, wie bei der Aktiengesellschaft. Weshalb? Weil die Verwaltung von Rechtswegen in der offenen Handelsgesellschaft den Mitgliedern als solchen zuständig, in der Aktiengesellschaft aber den Mitgliedern als solchen **unzuständig** ist.

Verwaltungshandlung der verwaltungsberechtigten Mitglieder wirkt für das **ganze**, zu gesamter Hand zuständige Vermögen, stellt einen Akt und Ausfluß der **gemeinsamen** Verwaltung dieses Vermögens dar.

Aus dem Gesagten ergiebt sich, daß ein gewisses Maß von Organisation mit der gesamten Hand notwendig sich verbindet. Das einzelne Mitglied hat über seine Quote[50]) als solche keinerlei Verfügung. Die Quote ist **unfreies** Vermögen, der gemeinsamen Wirtschaft unterworfen, der Sonderverfügung entzogen[51]). Eine Verfügung ist nur über das **Ganze** als Gegenstand der Gemeinwirtschaft möglich. Andererseits, auch in der Gesamthand, können Überordnungs- und Unterordnungsverhältnisse durch ungleiche Stellung der Mitglieder zur Verwaltung gegeben sein. Ja, die Verwaltungshandlung auch des verwaltungsberechtigten Mitgliedes wirkt für das gemeinsame Vermögen nur, wenn das Mitglied in **Ausübung** seiner Verwaltungsrechte (als „Organ" der Gesamthand) gehandelt hat[52]).

Trotzdem fehlt der Gesamthand begrifflich eine Verfassung, welche die **sämtlichen** Mitglieder einer höheren Einheit unterordnete, welche einen Gesamtwillen erzeugte, der von dem Willen der sämtlichen Mitglieder unterschieden wäre. Deshalb, weil die Verwaltung grundsätzlich eine Verwaltung durch die Mitglieder, wenigstens durch einen Teil der Mitglieder ist. Das eine Mitglied kann dem anderen übergeordnet sein, nicht die Gesamtheit den sämtlichen Mitgliedern. In der Überordnung eines Mitgliedes über die anderen liegt **personenrechtliche** Gewalt[53]), die Gewalt

---

[50]) Darüber, daß auch in der Gesamthand Quoten zu unterscheiden sind, vgl. Heusler, Instit., Bd. 1 S. 238. 239.

[51]) Wenngleich den Mitgliedern das Recht zuständig sein kann, Auflösung der Gemeinschaft zu verlangen, Heusler a. a. O. S. 240; Stobbe, Handbuch, Bd. 2 (2. Aufl.) § 81, S. 72.

[52]) Der vertretende offene Gesellschafter verfügt über das Gesellschaftsvermögen nur durch Handlungen namens der Gesellschaft, in denen er seine Vertretungsmacht ausübt.

[53]) Dies ist zutreffend bereits von Gierke, Genossenschaftstheorie, S. 353—356 hervorgehoben worden.

nämlich, über die Vermögensanteile auch dieser Mitglieder zu verfügen — nicht kraft Eigentums oder sonstigen Sachenrechts, sondern infolge der Macht, welche ihm über die Subjekte dieses Vermögens, die Personen der anderen Mitglieder, zuständig ist, — aber eine Gewalt, welche nicht der körperschaftlichen, sondern der familienrechtlichen Gewalt des Vaters oder Vormundes (der Gewalt, über das Vermögen des Mündels kraft Macht über die Person des Mündels zu verfügen) sich vergleicht. Das verwaltungsberechtigte Mitglied in der Gesamthand handelt nicht als wirkliches Organ der Gesamthand (der Gesellschaft) in Ausübung eines der Gesamtheit zuständigen, sondern in Ausübung eines ihm selber persönlich, nämlich als Mitglied, zuständigen Verwaltungsrechts.

So bleibt die Verwaltung grundsätzlich eine von den einzelnen Gliedern der Gesamthand geführte Verwaltung, eine Verwaltung, deren Träger kein von den Einzelpersonen unterschiedenes Subjekt, deren Träger vielmehr die Mitglieder nach Maßgabe ihrer personenrechtlichen Stellung innerhalb der Gesamtheit sind, eine Verwaltung, welche daher in allen Fällen in ihrer Idee eine gemeinsame Verwaltung des gemeinsamen Vermögens durch die Subjekte dieses Vermögens darstellt.

Damit ist der Gegensatz des deutschen Gesamteigentums gegen das römische Miteigentum gegeben. Das römische condominium schließt als solches keinerlei Verwaltungsgemeinschaft in sich. Jeder einzelne condominus verfügt frei über seinen ideellen Anteil und hat in Bezug auf die Verfügung über die Substanz grundsätzlich ein unbedingtes Widerspruchsrecht. Als ein Miteigentum mit Verwaltungsgemeinschaft steht das deutsche Gesamteigentum dem römischen Miteigentum als dem Miteigentum mit Verwaltungstrennung gegenüber.

Damit ist zugleich aber auch der Gegensatz des deutschen Gesamteigentums gegen die deutsche Genossenschaft gegeben. In der Gesamthand ist die Verwaltung den Mitgliedern grundsätzlich zuständig; in der Genossenschaft ist die Verwaltung des auch hier vorhandenen gemeinsamen Vermögens den Mitgliedern grundsätzlich un=

zuständig. Alle Genossen sind als solche, als einzelne von der Verwaltung ausgeschlossen. Kein Mitglied hat Verfügungsmacht über das gemeinsame Vermögen, sondern nur die Gesamtheit. Alle Mitglieder sind einem idealen Willen, dem Willen der Gesamtheit für die Vermögensverwaltung unterworfen. Hier giebt es eine Verfassung, welche über die Hervorbringung jenes idealen Willens entscheidet. Hier giebt es Organe, durch welche jener ideale Wille zur Wirklichkeit und zur Machtentfaltung gelangt. Die Genossenschaft kennt einen Vorstand, die Genossenschaft kennt Majoritätsbeschlüsse. Die Genossenschaft ist korporativ organisiert, und das unfehlbare Kennzeichen der korporativen Organisation ist der Ausschluß aller einzelnen als solcher von jeglicher Verwaltungsmacht, um diese Verwaltungsmacht auf die Gesamtheit zu übertragen.

Innerhalb der Genossenschaft gilt, soweit die Verwaltung des Vermögens in Frage kommt, nicht Privatrecht, noch Familienrecht, sondern „Sozialrecht" (Körperschaftsrecht).

Die Gewalt der Genossenschaft (als Gesamtheit) über das gemeinsame Vermögen („Genossenschaftsvermögen") ist nicht privatrechtlicher, sondern „sozialrechtlicher", körperschaftsrechtlicher Natur. Die Genossenschaft als solche hat, wie wir gesehen haben, kein Eigentum, kein Sachenrecht, keine Schulden. Sie ist des Subjektverhältnisses zum Privatrecht wie zur Privatverbindlichkeit unfähig. Sie hat also keinerlei privatrechtliche Befugnisse an dem Genossenschaftsvermögen: kein dingliches „Einheitsrecht", keinen „Eigentumssplitter", keinerlei sachenrechtliche Herrschaft. Aber, der Genossenschaft sind die Personen der Genossen in Genossenschaftsangelegenheiten, und folgeweise gerade auch in Angelegenheiten des gemeinsamen Genossenschaftsvermögens unterworfen. Über die Personen der Genossen, und damit über die Subjekte des Genossenschaftsvermögens hat die Genossenschaft als Gesamtheit körperschaftliche (der öffentlichen Gewalt vergleichbare) Machtbefugnis, und kraft dieser ihrer Gewalt über die Subjekte des Genossenschaftsvermögens vermag sie über das Genossenschaftsvermögen zu verfügen, obgleich dies Vermögen, der Zuständigkeit nach, privatrechtlich, ein ihr, der Genossenschaft, fremdes Vermögen ist.

Das Genossenschaftsvermögen gehört, wenn der Ausdruck gestattet ist, der Zuständigkeit nach den einzelnen Gliedern, der Verwaltung nach der Genossenschaft als Gesamtheit.

Die „Genossenschaft" ist ein zwar vermögensunfähiges, aber verwaltungsfähiges Subjekt. Sie ist, weil vermögensunfähig, keine juristische Person im Sinne des Privatrechts. Aber sie kann trotzdem, kraft ihrer Verwaltungsmacht, über einen Vermögensumkreis (das „Genossenschaftsvermögen") verfügen, als ob derselbe ihr eigenes Vermögen, als ob sie Subjekt desselben, als ob sie juristische Person wäre. Die deutsche Genossenschaft leistet in der deutschen Rechtsentwickelung darum wirtschaftlich das Gleiche wie die juristische Person des römischen Rechts. Sie bedeutet nur eine andere Rechtsform, in welcher wesentlich der gleiche Erfolg herbeigeführt wird.

Wie die Verwaltungsmacht der Genossenschaft als Einheit, so sind auch die Nutzungsrechte und sonstigen Sonderrechte der einzelnen in der Genossenschaft grundsätzlich nicht privatrechtlicher, sondern körperschaftsrechtlicher Natur, d. h. sie sind nicht freie Privatrechte („individualrechtlich" geartet), sondern Mitgliedsrechte (von „sozialrechtlicher Färbung"). Das heißt: sie sind nicht kraft privatrechtlichen Titels, sondern kraft der Genossenschaftsverfassung den einzelnen zuständig und unterliegen grundsätzlich der Genossenschaftsgewalt (Majoritätsbeschlüssen u. s. f.). Trotzdem sind „jura singulorum", d. h. private Mitgliedsrechte, wohlerworbene, von der Genossenschaftsgewalt unabhängige, allein dem Willen des Berechtigten untergebene Mitgliedsrechte denkbar, also Rechte, deren Voraussetzung Mitgliedschaft ist (insofern unfreie Rechte), deren Zuständigkeit aber gleich einem Privatrecht geschützt ist. Auch das Auftreten des Problems, welches in dem Vorkommen solcher privaten Mitgliedsrechte liegt[54]), teilt die Genossenschaft mit den übrigen Körperschaften.

---

[54]) Darüber Gierke, Genossenschaftstheorie, S. 188 ff. Laband, das Staatsrecht des deutschen Reiches, Bd. 1 (2. Aufl. 1888) S. 109 ff.

Durchweg ist das Kennzeichen der Genossenschaft gegenüber der Gesamthand ihre **körperschaftliche Organisation**, also, deutlicher gesagt, das Dasein einer **Organisation**, welche von der Verwaltung des gemeinsamen Vermögens die sämtlichen Mitglieder als solche **ausschließt**, um sie einer idealen Einheit zuzuwenden.

Die Gesamthand ist eine Vermögensgemeinschaft mit Verwaltungsgemeinschaft, die deutsche Genossenschaft aber eine Vermögensgemeinschaft mit (körperschaftlicher) Verwaltungsorganisation.

II. Durch ihre körperschaftliche Verfassung ist die Genossenschaft der juristischen Person (der Korporation im Sinne des Privatrechts) angenähert. Aber, die juristische Person ist **vermögensfähig**, die deutsche Genossenschaft jedoch, wie wir gesehen haben, nur **handlungsfähig** (verwaltungsfähig).

Wie unterscheidet sich folgeweise die deutsche Genossenschaft von der juristischen Person?

Auch das römische Recht, dem wir unseren heutigen Begriff von der juristischen Person verdanken, ist bekanntlich ursprünglich von der unmittelbaren, naiven, im deutschen Recht in Herrschaft gebliebenen Anschauung ausgegangen, nach welcher die Gemeinde (die Korporation) die **Summe** ihrer Mitglieder, die municipes, die cives, die universi, bedeutet, nach welcher folgeweise die juristische Person ein **corpus incertum** (wegen des Wechsels der Mitglieder), eine persona incerta darstellt[55]).

Aber das römische Recht trug einen Rechtssatz von der Korporation in sich, aus welchem durch die von der italienischen Jurisprudenz (zunächst den Kanonisten) und ihren Nachfolgern geleistete Gedankenarbeit[56]) in folgerechter Entwickelung unser heutiges Recht von der juristischen Person hervorgegangen ist. Dieser Rechtssatz lautet: (der Sklave einer Körperschaft kann auch zu Aussagen gegen die einzelnen Mitglieder der Körperschaft durch Folter gezwungen

---

[55]) Vgl. Jhering, Geist des röm. Rechts, Bd. 1 S. 207 ff.; Gierke, Genossenschaftsrecht, Bd. 3 S. 43 ff. 101 ff.

[56]) Vergleiche die sehr interessanten Ausführungen bei Gierke, Genossenschaftsrecht, Bd. 3 S. 186 ff. 238 ff.

werden) nec enim plurium esse videtur, sed corporis; und zum anderen: si quid universitati debetur, singulis non debetur nec quod debet universitas singuli debent[57]). Das Vermögen der Körperschaft ist nicht gemeinsames Vermögen, und die Schuld der Körperschaft ist nicht gemeinsame Schuld der Körperschaftsglieder. In diesem materiellen Rechtssatz liegt der ganze Unterschied der römischen Korporation und der deutschen Genossenschaft begründet.

Das Korporationsvermögen ist Alleineigentum der Gesamtheit und die Korporationsschuld ist Alleinschuld der Gesamtheit. Die Gesamtheit ist eine andere Person (mag sie nun als „fingierte Person" oder als „reale Gesamtperson" vorgestellt werden) als ihre Glieder. Die Gesamtheit ist als solche ein anderes, neues, ihren Mitgliedern fremdes Vermögenssubjekt. Die Gesamtheit ist als solche vermögensfähig, und darum ihr Vermögen ein ihren Mitgliedern fremdes Vermögen, ihre Schuld eine ihren Mitgliedern fremde Schuld.

Die scharfe Scheidung zwischen der Gesamtperson und den einzelnen Gliedern, das ist alles. Die Gesamtperson und ihre Glieder gehen einander privatrechtlich gar nichts an. Die Glieder sind für das Vermögen der Gesamtperson nicht Glieder, sondern Fremde. Die Gesamtperson ist eine ganz andere Person, eine juristische Person, eine dritte Person neben und außer ihren Mitgliedern.

In voller Schärfe erhebt sich über den Mitgliedern der Körperschaft die Gesamtheit derselben als ein ideales Subjekt nicht bloß des Körperschaftsrechts, sondern des Privatrechts. Die bekannten Kategorieen des Privatrechts, das Alleineigentum, die Alleinschuld der Einzelperson, reichen völlig aus, um auch dem Vermögen der juristischen Person seine juristische Gestalt zu geben. Die Gesamtperson ist eine neue Einzelperson neben den übrigen.

Aber das römische Recht von der juristischen Person bedeutet nicht bloß eine klare, leicht faßliche Denkform, sondern, wie schon

---

[57]) L. 1 § 7 D. de quaest. (48, 18). L. 7 § 1 D. quod cuiuscumque univ. nom. (3, 4).

angedeutet wurde, praktische Rechtssätze von weittragender Bedeutung. Der eine Rechtssatz ist der: unter den Mitgliedern der Korporation finden in Bezug auf das Korporationsvermögen die Rechtssätze vom Miteigentum keine Anwendung. Der andere Rechtssatz lautet: die Mitglieder der Korporation haften nicht für die Korporationsschulden. In beiderlei Hinsicht gilt für die Genossenschaft der entgegengesetzte Grundsatz. Unter den Genossenschaftern gilt das Recht von der Vermögensgemeinschaft, und namentlich: **der Genosse haftet für die Genossenschaftsschulden.**

Es ist wie der Begriff, so das Recht der deutschen Genossenschaft ein grundsätzlich **anderes** als das der römischen Korporation (juristischen Person).

Trotzdem ist, wie schon bemerkt wurde, der **wirtschaftliche Erfolg** des deutschen Genossenschaftswesens und des römischen Korporationswesens in der Hauptsache der gleiche. In beiden Fällen ist ein bestimmtes Vermögen für die Zwecke einer bestimmten Gemeinschaft gebunden. Und, wirtschaftlich angesehen, stellt das Vermögen einer Korporation römischen Stils selbstverständlich gerade so gut **gemeinsames**, den gemeinsamen Zwecken der Glieder dienendes Vermögen dar wie das Vermögen einer deutschen Genossenschaft. Es ist nur die Rechtsform eine verschiedene, in welcher hier und dort das gemeinsame Vermögen für die Zwecke der Gemeinschaft festgelegt wird. Dort erscheint das Vermögen auch formell als gemeinsames, nur daß es einer einheitlichen Verwaltung (der Gesamtheit) unterworfen ist. Hier ist das materiell gemeinsame Vermögen **formell Alleineigentum der Gesamtheit als Einheit.** Von diesem Standpunkt aus gesehen, kann auch das Alleineigentum der römischen Korporation als eine Rechtsform der (wirtschaftlich vorhandenen) Vermögensgemeinschaft betrachtet werden[57a].

[57a] Zu vergleichen ist die Ausführung bei Bekker, System des heut. Pandektenrechts, Bd. 1 S. 251 ff. über „Gesellschaftliches oder quasigesellschaftliches Verhältnis der Korporationsglieder zu einander".

So würden sich vier verschiedene Rechtsformen der Vermögensgemeinschaft ergeben:

1. Das römische Miteigentum (communio): Vermögensgemeinschaft mit Verwaltungstrennung (völlige Verwaltungsfreiheit der einzelnen).

2. Das deutsche Gesamteigentum: Vermögensgemeinschaft mit Verwaltungsgemeinschaft (S. 30).

3. Die deutsche Genossenschaft: Vermögensgemeinschaft mit (körperschaftlicher) Verwaltungsorganisation.

4. Die römische Korporation: (wirtschaftliche) Vermögensgemeinschaft mit formellem Alleineigentum der Gesamtheit als juristischer Person.

Oft genug ist von der älteren Genossenschaftstheorie (Beseler u. a.) die deutsche Genossenschaft als eine Art Mittelding zwischen Kommunion (Nr. 1) und Korporation (Nr. 4) bezeichnet worden. Heute ist diese Art der Auffassung allgemein aufgegeben (oben S. 4). Wie die vorige Zusammenstellung zeigt, ist jedoch jene ältere Lehre durchaus nicht so ganz im Unrecht. Allerdings, in Bezug auf die Zuständigkeit des Vermögens ist keine Mittelstufe zwischen Kommunion und Korporation, kein „Durchwachsensein" von Miteigentum der einzelnen mit Alleineigentum der Gesamtheit möglich. Aber, die Formen der Vermögensgemeinschaft weisen verschiedene Arten der Verwaltung des gemeinsamen Vermögens auf. Die deutsche Genossenschaft zeigt uns eine Vermögensgemeinschaft, welche mit Alleinverwaltung der Gesamtheit sich verbindet. Als Vermögensgemeinschaft steht, wie sich bereits gezeigt hat, die deutsche Genossenschaft mit dem Gesamteigentum auf gleicher Linie, und nähert sie sich also von dieser Seite der Kommunion. Dagegen, als Verwaltungsorganisation, steht die deutsche Genossenschaft durchaus der römischen Korporation gleich. Wir unterscheiden hinsichtlich der Verwaltung:

1. Römische Kommunion und deutsches Gesamteigentum: Vermögensgemeinschaft mit Verwaltung durch die einzelnen condomini.

2. Deutsche Genossenschaft und römische Korporation: Vermögensgemeinschaft (sei es formelle, sei es materielle) mit Verwaltung durch die Gesamtheit.

In Bezug auf die Zuständigkeit des Vermögens zeigt die deutsche Genossenschaft die Züge der (deutschen) Kommunion, in Bezug auf die Verwaltung des Vermögens aber die Züge der Korporation. In diesem Sinne kann also allerdings der deutschen Genossenschaft jene vielberufene Mittelstellung zugesprochen werden. Aber kein „Durchwachsensein" und keine „organische Verbindung" sich widersprechender Gesichtspunkte! Sondern: das Vermögen der deutschen Genossenschaft ist der Zuständigkeit nach ein Vermögen der einzelnen und nur der Verwaltung nach ein „Vermögen" der Gesamtheit.

III.

Heutiges Recht.

Bieten die voraufgehenden Betrachtungen nur antiquarisches Material, oder dürfen sie auch für das heutige Recht Bedeutung in Anspruch nehmen?

Zweifellos ist: wir haben die beiden römischen Formen der „Vermögensgemeinschaft", die Kommunion und die Korporation, rezipiert. Das Miteigentum von heute ist das römische Miteigentum, und die juristische Person von heute ist die römische juristische Person. Unser heutiges Körperschaftsrecht (das Wort Körperschaft in dem technischen Sinn des Privatrechts für die Korporation mit juristischer Personeneigenschaft genommen) ist in seinen Grundlagen römisches Körperschaftsrecht. Das Vermögen der Körperschaft ist Alleineigentum der Gesamtheit, die Schuld der Körperschaft ist Alleinschuld der Gesamtheit. Aber was nehmen wir wahr? Gedanken des deutschen Genossenschaftsrechts machen sich in steigendem Maße auf dem Gebiete des Körperschaftsrechts geltend. Einmal: die neuere Lehre geht immer entschiebener dazu über, das Vermögen der aufgelösten Privatkorporationen den **Mitgliedern** zuzusprechen (nicht als bonum vacans, wie die früher herrschende Theorie in Konsequenz der romanistischen Korporationslehre gethan hatte, dem Fiskus)[58]. Zum andern: die neuere Entwickelung drängt zu einer Haftung der Korporationsglieder für die Korporationsschulden, sei es unmittelbar (wie bei den Erwerbs- und Wirtschaftsgenossenschaften des Reichsgesetzes vom 4. Juli 1868), sei es wenigstens mittelbar durch Nötigung der Korporation zum Umlageverfahren gegen ihre Glieder[59]. Es ist die **wirtschaftlich** vorhandene Vermögensgemeinschaft, welche auf dem Gebiete des rezipierten römischen Körperschaftsrechts Reformen zu Gunsten deutsch-rechtlicher Gedanken herbeiführt.

Sind, wie die beiden römischen Gemeinschaftsformen (Kommunion und Korporation), so auch die beiden eigentümlich deutschen Formen (Gesamthand und Genossenschaft) heute noch am Leben? Zweifelsohne! Was die Gesamthand angeht, so braucht (von anderem abgesehen) nur an die gütergemeinschaftliche Ehe und an die Handelsgesellschaften (offene und Kommanditgesellschaft) erinnert zu werden.

Aber die deutsche Genossenschaft?

Auch die deutsche Genossenschaft blüht noch heute, trotzdem sie so oft schon tot gesagt worden ist. Sie blüht noch heute in all den zahlreichen Vereinen, denen, sei es nach gemeinem Recht, sei es nach Landesrecht, die juristische Persönlichkeit abgesprochen werden muß. Unsere gemeinrechtliche Praxis hält noch heute daran fest, daß juristische Persönlichkeit der Privatkorporation grundsätzlich nur durch landesherrliche Verleihung (Privileg) gewährt werden kann[59a].

---

[58] Vgl. Stobbe, Handbuch, Bd. 1 (2. Aufl.), § 54, S. 441. Roth, System des deutsch. Privatrechts I, § 72, S. 416. Bekker, System des heut. Pandektenrechts, Bd. 1 S. 258. 259. Wendt, Lehrbuch der Pandekten, § 29.

[59] Vergleiche die lehrreichen Ausführungen, welche Meili in der bereits oben (S. 21 Note 33) zitierten Schrift über die Entwickelung des modernen Rechts betreffend die Schuldhaftung der Gemeinden giebt.

[59a] Vergleiche die Darstellung bei Gierke, Genossenschaftstheorie, S. 56 ff.

Partikularrechtlich (es genügt, an das preußische Landrecht zu erinnern) ist vielfach ausdrücklich nur dem privilegierten Verein die juristische Persönlichkeit zugesprochen.

Welche Rechtsstellung ist den zahlreichen unprivilegierten Vereinen zuzuweisen?

Von dieser Frage ist einst die Genossenschaftstheorie ausgegangen, und auf diese Frage ist allerdings die Lehre von der deutschen Genossenschaft allein imstande, die rechte Antwort zu erteilen.

Die unprivilegierten Vereine sind Genossenschaften im Sinne des deutschen Rechts.

Das heißt: sie sind als solche vermögensunfähig, sind keine juristischen Personen. Aber sie sind als solche verwaltungsfähig, handlungsfähig, prozeßfähig, und zwar vermöge körperschaftlicher Organisation. Das Dasein einer Körperschaft im Sinne des öffentlichen Rechts (verfassungsmäßig organisierte Personengesamtheit mit verfassungsmäßiger Gewalt über die Mitglieder) ist von Verleihung der juristischen Persönlichkeit (Vermögensfähigkeit), d. h. von dem Dasein einer Körperschaft im Sinne des Privatrechts unabhängig. Zum Dasein einer Körperschaft im Sinne des öffentlichen Rechts genügt es, wenn die Voraussetzungen des öffentlichen Rechts, insbesondere für den Privatverein, wenn die Voraussetzungen des öffentlichen Vereinsrechts erfüllt sind. Ist der Verein von öffentlichen Rechtswegen erlaubterweise vorhanden, so besteht ein Verein mit körperschaftlicher (verfassungsmäßiger) Gewalt über seine Mitglieder. Und kraft dieser seiner verfassungsmäßigen Gewalt vermag er über das „Vereinsvermögen", d. h. über das den Vereinszwecken gewidmete gemeinsame Vermögen seiner Mitglieder zu verfügen, gerade als ob es sein eigenes Vermögen wäre. Selbst die Legitimation für die grundbuchmäßige Verfügung wird ihm (wo nicht das Partikularrecht, wie z. B. das preußische Landrecht, unmittelbar widerstreitet) grundsätzlich zuzuerkennen sein. Denn im Grundbuch stehen nicht nur Personen, sondern auch Personenmehrheiten wechselnden Bestandes, welche ein bloßer Gesamtname zusammenfaßt (wie z. B. die offene Handelsgesellschaft). In der deutschen Genossenschaft ist die Rechtsform gegeben, welche ohne Zwang sich mit dem thatsächlich vorhandenen Rechtsleben und seinen Bedürfnissen deckt.

Auch hier machen wir die Wahrnehmung, daß noch das heutige Recht unverändert aus der deutschen Vergangenheit überlieferte Rechtsformen wiedergiebt.

Allerdings, in einem Punkt wird der unprivilegirte Verein in seiner Eigenschaft als Genossenschaft sich grundsätzlich von der römischen Korporation unterscheiden. Der Rechtssatz: quod universitas debet, singuli non debent, findet auf die Schulden jener Vereine keine Anwendung. Die Schuld des unprivilegirten (vermögensunfähigen, wenngleich verwaltungsfähigen) Vereins ist als solche eine gemeinsame Schuld der Mitglieder. Aus der Schuld „des Vereins" kann der Verein verklagt werden (gleich der offenen Handelsgesellschaft). Aber nicht blos der Verein, sondern die sämtlichen Mitglieder (gleich den Ratmannen im Mittelalter). Und, die Verhaftung der Mitglieder schließt als solche grundsätzlich die Verhaftung mit dem ganzen Vermögen in sich. Es bedarf bestimmter Rechtsgründe, um den Gläubiger auf den „Anteil" des Vereinsgenossen am Vereinsvermögen zu beschränken. Nur das Eine läßt sich verteidigen, daß dem Vereinsgenossen im Zweifel exceptio excussionis zusteht, d. h. das Recht, zu begehren, daß zunächst der Verein in Anspruch genommen werde, um mit dem „Vereinsvermögen", im Notfall im Wege des Umlageverfahrens, durch Verteilung der Schuld auf die sämtlichen Genossen, den Gläubiger zu befriedigen. Der Gläubiger hat mit dem Verein kontrahirt. So mag er auch gehalten sein, zunächst beim Verein und durch das Mittel desselben seine Befriedigung zu suchen. Aber, das Umlageverfahren erscheint für den Vereinsgenossen als eine Rechtswohlthat, während es für das Korporationsmitglied (vgl. S. 25. 38) eine Beschwerung darstellt. Denn für die Korporation des Privatrechts gilt der Satz: was die Gesamtheit schuldet, das schulden die einzelnen nicht; für die Genossenschaft aber ist das Umgekehrte richtig: was die Gesamtheit „schuldet", das schulden rechtlich vielmehr nur die einzelnen⁶⁰).

Für die Aktiva besteht unter den Mitgliedern des genossenschaftlichen Vereins Vermögensgemeinschaft, aber Vermögensgemeinschaft zu beweglichen Anteilen (oben S. 13. 14), und vor allem Vermögensgemeinschaft mit körperschaftlich organisierter Verwaltung, welche den einzelnen von jeder Verfügung ausschließt⁶¹).

Die deutsche Form der genossenschaftlichen Vermögensgemeinschaft setzt uns in den Stand, auch jenen nichtprivilegierten Vereinen das Recht wirklich zu gewähren, welches sie mit sich auf die Welt bringen.

———

Der Entwurf eines deutschen bürgerlichen Gesetzbuchs liegt vor uns, ein bedeutsames Werk deutscher Geisteskraft, die reife Frucht vielhundertjähriger Entwickelung in sich bergend.

Welche Stellung nimmt der Entwurf zu den Fragen ein, welche uns beschäftigten?

---

⁶⁰) Vgl. Stobbe, Handbuch, Bd. 1 S. 506. 507. — Das preußische Landrecht hat bekanntlich den Satz von der solidarischen Haftung der Genossen (der Mitglieder einer nicht privilegierten erlaubten Korporation) für die Genossenschaftsschuld. Die preußische Praxis sträubt sich dagegen und nimmt nur Haftung pro rata an, Stobbe a. a. O. Note 6.

⁶¹) Der im Obigen entwickelten Auffassung nähern sich alle Theorieen, welche in jenen Vereinen eine modifizierte Sozietät oder Kommunion (vgl. v Gerber, System des deutschen Privatrechts, 15. Aufl., § 49, S. 91) oder eine Gemeinschaft mit „kollektiver, formeller Personeneinheit" (Unger, Österr. Privatrecht I., S. 330 ff.), oder eine Art des deutschen Gesamteigentums sehen (Stobbe, Handbuch, Bd. 1 S. 508. Rosin, Zur Lehre von der Korporation, bei Gruchot, Beitr. z. Erläut. d. deutsch. R., Bd. 27 S. 124 ff.), insofern die Grundlage des Verhältnisses allerdings die Vermögensgemeinschaft, und zwar eine deutschrechtliche Vermögensgemeinschaft ist, welche als solche der gesamten Hand zunächst steht. Die obige Darstellung hat den Versuch gemacht, die Eigentümlichkeiten, welche die genossenschaftliche Vermögensgemeinschaft auszeichnen, wennmöglich zu deutlicherem positivem Ausdruck zu bringen.

Der Entwurf hat das römische Körperschaftsrecht zur wesentlichen Grundlage seiner, allerdings nicht sehr ausgiebigen, Bestimmungen über die „Personenvereine" (§ 41 ff.) gemacht. Ebenso hat der Entwurf ein Recht der „Gemeinschaft" ausgebildet (§ 762 ff.), welches in der Hauptsache der römischen Kommunion (mit wenig Änderungen) entspricht. Dem ist die wichtige Bestimmung hinzugefügt, daß diese Gemeinschaft „anzunehmen" steht, „sofern nicht aus dem Gesetze ein Anderes sich ergiebt" (§ 762). Die Folge ist, daß andere Gemeinschaftsformen nur in den vom Gesetz ausdrücklich bezeichneten Fällen zulässig sind. Nun giebt es aber nur einen einzigen Fall, in welchem das Gesetz eine andere Art der Gemeinschaft anerkennt: die gütergemeinschaftliche Ehe, welche auch nach dem Entwurf als Vermögensgemeinschaft zu gesamter Hand gestaltet ist. Die genossenschaftliche Vermögensgemeinschaft kommt überhaupt gar nicht vor. Die praktische Folge ist, daß für alle nichtprivilegierten Vereine (der Entwurf verweist betreffs Entstehung der juristischen Person auf das bisherige Recht) in Bezug auf ihr Vermögen die **römische Vermögensgemeinschaft des Entwurfs** Anwendung finden müßte, — ein sicher nicht annehmbares Ergebnis, welches die in der Praxis thatsächlich bereits durchgesetzte und geradezu unentbehrliche Anwendung deutschen Genossenschaftsrechts auf jene Vereine, sehr im Widerspruch mit der allgemeinen Rechtsüberzeugung, wieder rückgängig machen würde.

Ist es nicht Aufgabe des Entwurfs, den noch lebendigen Formen deutschen Gemeinschaftsrechts die ihnen zukommende Aufnahme und Ausgestaltung zu gewähren? Zweifelsohne! Neben der römisch gedachten Kommunion hat die deutsche **Vermögensgemeinschaft zu gesamter Hand** und die **genossenschaftliche Vermögensgemeinschaft** ein Recht darauf, den Vereinigungen der Privatpersonen als solchen zugänglich gemacht zu werden.

Die deutsche Genossenschaft fordert Einlaß in unsere Wissenschaft, in unser Recht. Die ganze energische geistige Bewegung, welche von Beseler bis auf Gierke auf diesen einen Zielpunkt unablässig sich gerichtet hat, verdankt ihre Lebenskraft und ihren bedeutsamen wissenschaftlichen Wert der Thatsache, daß hier wirklich von Alters her überliefertes deutsches Recht in thatsächlicher Geltung stand, für welches die herkömmlichen Kategorieen nicht genügten. Den Abschluß muß diese Bewegung in unserem deutschen Gesetzbuch finden. Auch an dieser Stelle ist es das **deutsche Recht**, welches uns in den Stand setzt, zugleich die Eigenart des römischen Rechts und die unmittelbar uns umgebenden Rechtsformen der Gegenwart zu erkennen.

Printed by Libri Plureos GmbH
in Hamburg, Germany